# Les Titres Non-Fiction par Janvier Chando

ICÔNES ET SCÉLÉRATS: Les Assassinats Politiques Récents qui ont Transformé les Pays…
LES HÉROS FALLES: Les Dirigeants Africains dont les Assassinat sont Désorganisé…
CAMEROUN: Le Système de Marionnettes Dysfonctionnel de la France…
UKRAINE: Le Bras de Fer entre la Russie et l'Occident
LE CAMEROUN: Le Cœur Hanté de l'Afrique

## Les Titres Fiction par Janvier Chando

The Usurper: et Autres Histoires
Agent Triple, Double Croix
Les Disciples de Fortune
L'Union Moujik
Le Flash du Soleil
L'Appel de Fortune
Le Maître de Fortune
Les enfants de Fortune
La Fille sur le Sentier
La Légende du Feu et de la Glace
La Plus Douce Folie
Les Grand-mères
L'Incendie de la Faim
Moi avant Eux
Le Père et les Fils
Les Médecins
Les Teintes Sombres
Liens Fatidique
Le Verdict de l'Hadès
Le Procès de Sa Majesté
La Folie de Ngoko
L'Usurpateur
Le Dot
Je suis Détesté
Le Lourdaud

## Les Nouveaux Titres de Janvier Chando

Le Faucon Blanc
Les Amis Mortels
Les Ours de Norilsk
La Dérive à la Maison

# ANOUAR SADATE:

## L'Assassinat du Symbole du Réalisme au Moyen-Orient

Janvier T. Chando

TISI BOOKS

NEW YORK, RALEIGH, LONDON, AMSTERDAM

ANOUAR SADATE: L'Assassinat du Symbole du Réalisme au Moyen-Orient

Copyright © 2018  Janvier T. Chando



ISBN-13: 978-1-7180-3247-7
ISBN-10: 1-7180-3247-1

PUBLIÉ PAR TISI BOOKS
www.tisibooks.com

NEW YORK, RALEIGH, LONDRES, AMSTERDAM

Imprimé aux États-Unis d'Amérique

# REMERCIEMENTS

Mots spéciaux d'appréciation à Idris M. Doh avec qui nous avons discuté de l'héritage d'Anouar Sadate.

# DÉVOUEMENT

Le livre est dédié à tous les dirigeants emblématiques et légendaires dont le but était de servir l'humanité et de faire progresser le bien-être de l'humanité, en particulier ceux qui ont été tués dans leurs missions historiques par les forces perverses de ce monde.

# ANOUAR SADATE:

## L'Assassinat du Symbole du Réalisme au Moyen-Orient

# Contenu

# LES CARTES

## L'Egypte sur la Carte du Monde

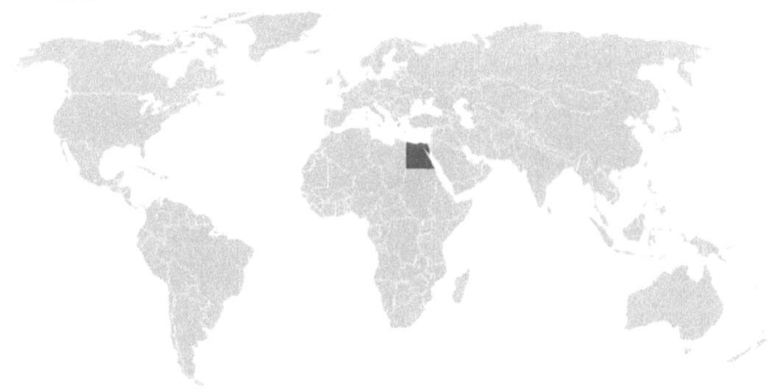

## L'Egypte sur la Carte du Monde Arabe

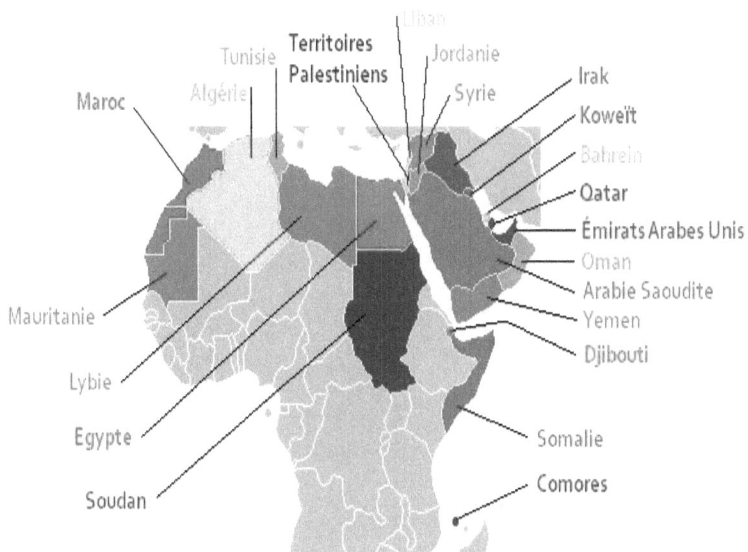

# L'Egypte sur la Carte de l'Afrique

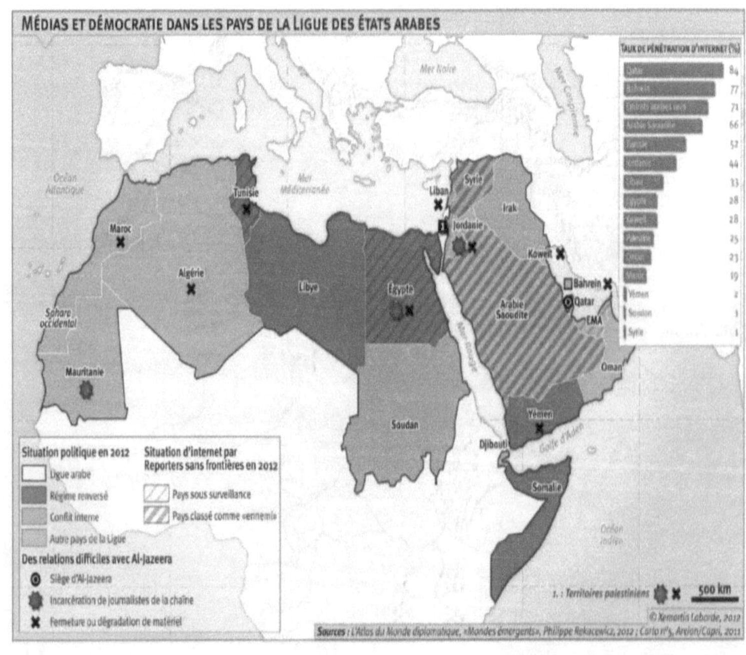

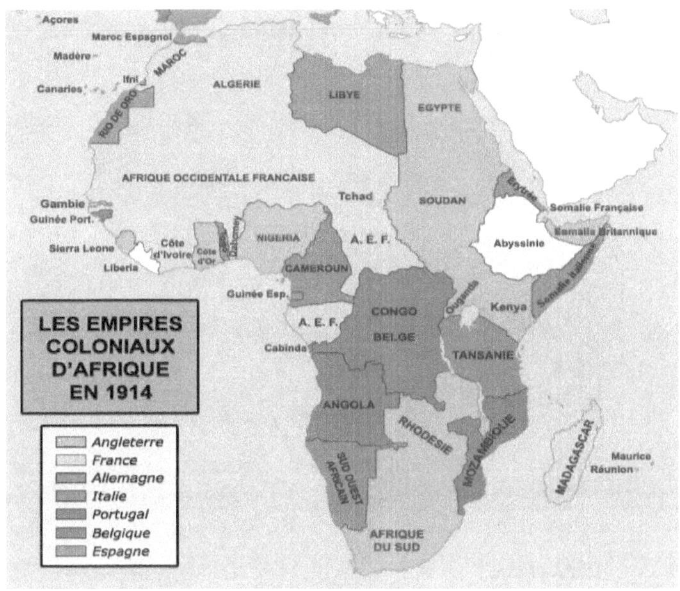


# Les Pays d'Afrique

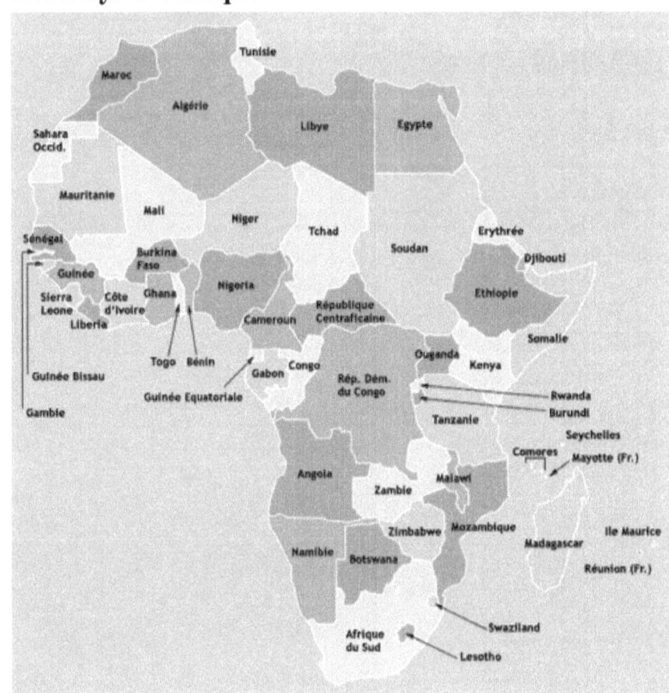

# Carte sur la Démocratie en Afrique

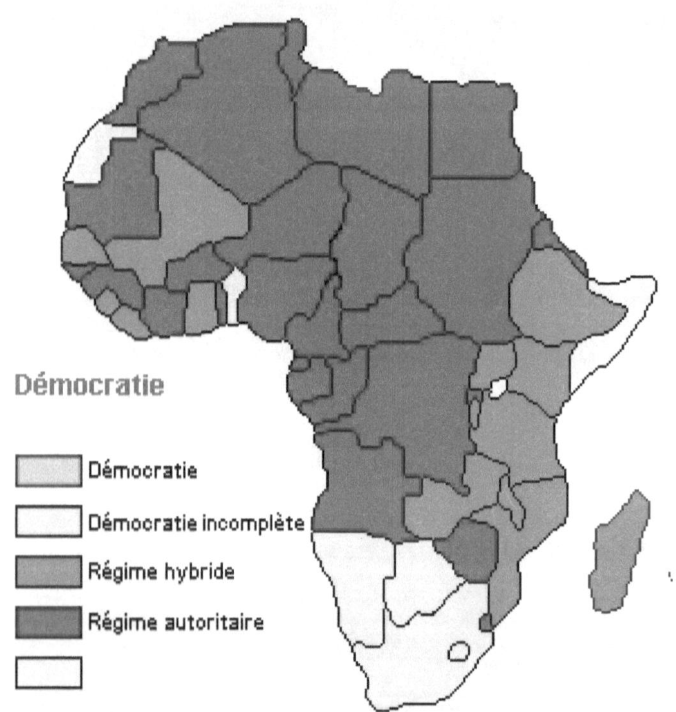

# Les Citations par Anouar el-Sadate

«La paix est beaucoup plus précieuse qu'un terrain ... il ne devrait plus y avoir de guerres.»

"Celui qui ne peut pas changer le tissu même de sa pensée ne pourra jamais changer la réalité.»

"Il ne peut y avoir d'espoir que pour une société qui agit comme une grande famille, et non comme autant de familles séparées.»

"La plupart des gens cherchent ce qu'ils ne possèdent pas et sont asservis par les choses mêmes qu'ils veulent acquérir.»

"La peur est, je crois, un outil très efficace pour détruire l'âme d'un individu, et l'âme d'un peuple.»

«Une grande souffrance a un côté positif pour lequel nous pouvons être reconnaissants, car elle construit un être humain et le met à la portée de la connaissance de soi.»

"Ce [fondamentalisme] n'est pas une religion. C'est de l'obscénité. Ce sont des mensonges, l'utilisation criminelle du pouvoir religieux pour égarer les gens.»

"Il n'y a pas de bonheur pour les gens au détriment des autres.»

"Je crois que pour la paix, un homme peut, même devrait, faire tout ce qui est en son pouvoir. Rien dans ce monde ne peut être plus haut que la paix.»

«Si vous n'avez pas la capacité de changer vous-même et vos propres attitudes, alors rien autour de vous ne peut être changé.»

«Les Russes peuvent vous donner des armes, mais seuls les Etats-Unis peuvent vous donner une solution.»

«Je ne me soucie pas du succès socialement reconnaissable. Je ne valorise que ce succès que je peux ressentir en moi, qui me satisfait et qui découle essentiellement de la connaissance de soi.»

"Aimer signifie donner, et donner des moyens pour construire, tandis que haïr c'est détruire.»

"J'ai été élevé à croire que la façon dont je me voyais était plus importante que la façon dont les autres me voyaient.»

"Qu'il n'y ait plus de guerre ni d'effusion de sang entre Arabes et Israéliens. Qu'il n'y ait plus de souffrance ni de déni de droits. Qu'il n'y ait plus de désespoir ni de perte de foi.»

"Le vrai succès est le succès avec soi-même. Ce n'est pas en ayant des choses, mais en ayant la maîtrise, en ayant la victoire sur soi.»

“La foi signifie qu'un homme devrait considérer n'importe quelle catastrophe simplement comme un coup déterminé par le sort qui doit être enduré.»

“J'ai été élevé à croire que la façon dont je me voyais était plus importante que la façon dont les autres me voyaient.»

“Seulement quand il a cessé d'avoir besoin de choses, un homme peut vraiment être son propre maître et ainsi exister réellement.»

“Il n'y a pas de bonheur pour les gens au détriment des autres.»

“La terre est immortelle, car elle abrite les mystères de la création.»

“Que chaque fille, chaque femme, que chaque mère ici [en Israël] —et là bas dans mon pays [l'Egypte] —sachent que nous résoudrons tous nos problèmes par la négociation autour de la table plutôt que par le déclenchement d'une guerre.»

# INTRODUCTION

Dans ma recherche de la raison pour laquelle certains points géopolitiques existent dans le monde, dans ma curiosité pour comprendre pourquoi certains pays et le monde en général ont connu des changements soudains et dramatiques qui ont conduit à la guerre, à l'instabilité ou à une réorientation de leur Des politiques nationales et étrangères qui ont non seulement affecté ces pays mais aussi influencé certaines régions ou le monde entier, j'ai exploré les assassinats politiques au cours des dizaines de décennies passées qui ont changé notre monde. Par notre monde, je veux dire nos communautés, pays, régions et l'humanité dans son ensemble.

En traitant les différents assassinats qui ont eu lieu au cours des années, j'ai utilisé une approche caractérisée par la sociologie politique, où j'ai analysé succinctement les facteurs historiques et sociaux qui ont conduit non seulement aux assassinats, mais aussi à l'assassinat de ces personnages historiques. Et à partir de ces facteurs, nous sommes présentés avec une idée ou des images de la façon dont la société affectée a évolué depuis le (s) événement (s) traumatique (s).

A partir des contrecoups qui ont suivi l'assassinat de personnages historiques, légendaires ou iconiques, nous pouvons apprendre quelque chose d'utile et proposer des scénarios ou des attentes en tant que calamités si des leaders particuliers sont assassinés, et agir ainsi en empêchant leurs assassinats.

# Chapitre Un

## Anouar el-Sadate

Anouar el-Sadate est né en Haute-Egypte le 25 Décembre 1918, dans une famille de 13 enfants, et a grandi à 40 miles au nord du Caire à une époque où l'Egypte était un protectorat Britannique. Le statut de l'Egypte sous le contrôle de l'Empire Britannique est venu de la dette écrasante qui a forcé le gouvernement Égyptien à vendre ses intérêts dans le canal de

Suez au gouvernement Britannique — le canal de Suez était conçu par les Français.

Construit entre 1859 et 1869, le canal de Suez est une voie d'eau artificielle au niveau de la mer en Egypte qui relie la mer Méditerranée à la mer Rouge à travers l'isthme de Suez. Le canal offre aux embarcations un trajet plus court entre l'Atlantique Nord et le nord de l'océan Indien, réduisant ainsi le trajet d'environ 7 000 kilomètres (4 300 milles). En fait, les Britanniques et les Français avaient utilisé les ressources du canal pour établir un contrôle politique suffisant sur l'Egypte qu'il était logique de désigner l'Egypte comme une colonie Britannique.

Sadate serait grandement affecté par quatre personnages dans sa jeunesse—Zahran du village natal de Sadate qui a été pendu par les Britanniques pour une émeute qui a entraîné la mort d'un officier Britannique; Kemal Atatürk qui a créé l'état moderne de la Turquie des cendres de l'Empire Ottoman; Mohandas (Mahatma) Gandhi qui avait prêché le pouvoir de la non-violence dans la lutte contre l'injustice lors d'une tournée en Egypte en 1932; et enfin Adolf Hitler, que Sadate considérait comme quelqu'un qui pourrait aider à débarrasser l'Egypte du contrôle colonial Britannique.

Quand les Britanniques ont créé une école militaire en Egypte en 1936 à la suite d'un accord avec le Parti Égyptien Wafd, Sadate est devenu l'un de ses premiers étudiants. Après sa graduation, le gouvernement l'a posté au Soudan où il a rencontré Gamal Abdel Nasser, avec qui, avec plusieurs autres officiers subalternes, il a formé en secret les Officiers Libres, un mouvement consacré à la révolution qui libérerait l'Egypte et le Soudan de la domination de la Grande Bretagne et la corruption de la monarchie. Cette association politique les mènerait éventuellement à la présidence Égyptienne.

Sadate serait emprisonné deux fois pour ses activités révolutionnaires pendant la Seconde Guerre Mondiale. C'était précisément pour ses efforts pour obtenir l'aide des puissances de l'Axe (Italie et Allemagne) pour expulser les Britanniques. Après sa sortie de prison, il a renoué avec Nasser seulement pour découvrir que leur mouvement s'était considérablement développé pendant les années qu'il était sous l'incarcération. Le 23 Juillet 1952, l'Organisation des Officiers Libres renversa le Roi Farouk et mit fin à la monarchie Égyptienne dans un coup d'état militaire qui déclencha la Révolution Égyptienne de 1952. Par la suite, il devint ministre des relations publiques et lieutenant de confiance de Nasser. Sadate, travailleur et concentré, accomplirait l'ordre de Nasser de superviser l'abdication officielle du Roi Farouk.

C'est au cours des années au pouvoir de Nasser que Sadate a appris le dangereux jeu de la construction de la nation dans un monde de rivalités de superpuissance. Ils ont conduit l'Egypte à devenir un pays "non-aligné", d'où l'une des principales nations que les sociétés sous-développées et postcoloniales admiraient. Nasser et Sadate survivront à la guerre de 1956 après la nationalisation du canal de Suez par Nasser, ce qui incitera les Britanniques, les Français et les Israéliens à lancer une attaque contre l'Egypte afin de prendre le contrôle du canal des mains Égyptiennes. La guerre de 1956 ne prendra fin qu'après que les États-Unis d'Amérique auront contraint la Grande-Bretagne, la France et Israël à retirer leurs forces d'Egypte. Les deux camarades ont exploité la guerre au point que l'Egypte a émergé de cette guerre comme un champion des pays non-alignés pour résister aux grandes puissances.

# Chapitre Deux

Nasser connaîtrait un revers majeur de la Guerre des Six Jours en 1967, lorsque l'armée Israélienne a complètement détruit les forces aériennes Égyptiennes et paralysé l'armée Égyptienne en tuant au moins des 3 000 soldats et en occupant la péninsule du Sinaï jusqu'à Suez Canal. Le résultat de la guerre a mis à rude épreuve l'économie Égyptienne et a failli ruiner le gouvernement. Ce qui était encore plus décourageant pour Nasser était la désunion croissante entre les nations Arabes chamailleuses et les mouvements Palestiniens grandissants. Sa mort le 29 Septembre 1970, à la suite d'une crise cardiaque, a résulté de sa santé déclinante causée par la défaite de l'Egypte lors de la guerre Israélo-Arabe de 1967.

Appelé "Caniche Noir de Nasser" par certains Égyptiens de haut rang, Sadate était sous-estimé lorsqu'il a succédé à Nasser. Cependant, il a prouvé lui-même au cours des 11 prochaines années être un chef astucieux de son peuple. Quand il offrit ouvertement aux Israéliens un traité de paix en échange de la péninsule du Sinaï capturée par Israël lors de la guerre de 1967, beaucoup, surtout dans le monde Arabe, furent pris de court. Pourtant, il surmonterait la crise intérieure et les intrigues internationales qui ont tourmenté sa présidence. Il ferait en sorte que l'Union Soviétique le prenne au sérieux en les expulsant après qu'ils aient échoué à reconstituer les réserves militaires épuisées de l'Egypte, puis en rétablissant les relations avec eux.

**Israël et les territoires arabes capturés lors de la guerre de 1967**

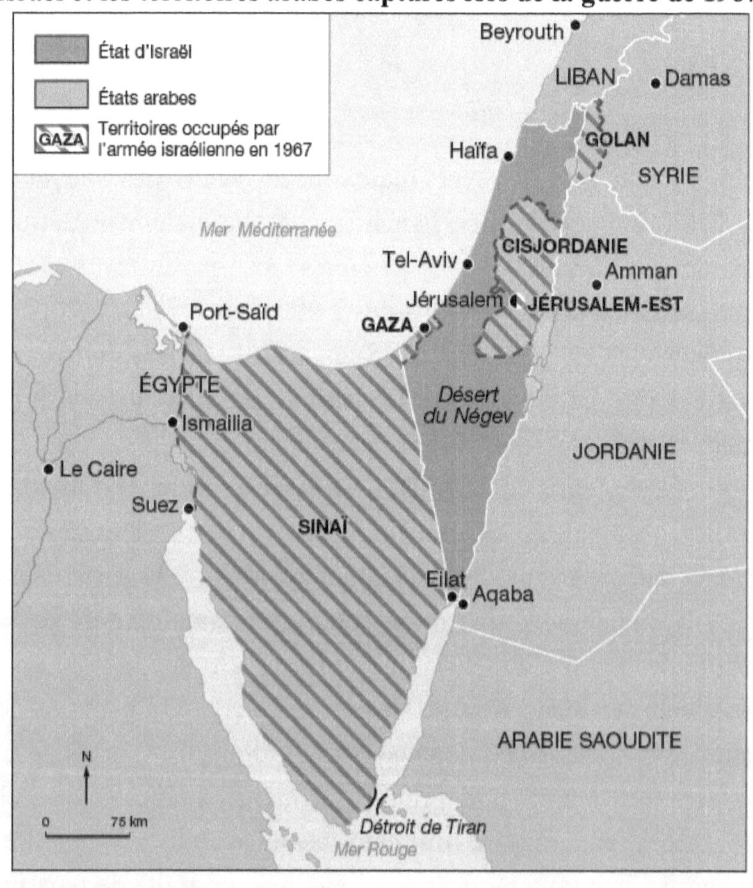


**La Carte d'Israël et les Territoires Arabes Occupés après 1967**

Quand le 6 Octobre 1973, Sadate a attaqué Israël dans le but de reprendre la péninsule du Sinaï après que l'Etat Juif ait continué à refuser l'initiative de paix Égyptienne, c'était son plus grand pari militaire et politique. Cela a porté ses fruits car une excellente précision militaire a permis à l'armée Égyptienne de traverser le canal de Suez dans le Sinaï, où elle a commencé à conduire l'armée Israélienne dans le désert. Même si les succès de la guerre ont été de courte durée et qu'une grande partie des gains de l'armée Égyptienne ont été inversés, l'attaque a créé un nouvel élan pour la paix en Egypte et en Israël, les deux États sont sortis de la guerre, fatigués par la guerre, avec des économies malmenées et une idée de leur proximité avec leur sort. Cependant, la guerre a suscité l'attention et les préoccupations de la communauté internationale, en particulier des États-Unis d'Amérique qui craignaient une plus grande instabilité au Moyen-Orient et en Afrique du Nord.

# Chapitre Trois

Sadate est sorti de la guerre convaincue que la paix avec Israël récolterait un énorme "dividende de la paix", et ainsi initié son plus important pari diplomatique en affirmant dans un discours au parlement Égyptien en 1977, qu'il irait n'importe où pour négocier un accord de paix. Les Israéliens l'ont pris à ses mots en l'invitant à le faire - s'adresser au parlement Israélien connu sous le nom de Knesset, ce qu'il a fait, initiant ainsi un nouvel élan pour la paix qui aboutira finalement aux accords de Camp David de 1978 et l'Egypte et Israël signant un traité de paix final en 1979. Lui et le Premier ministre Israélien Menahem Begin recevront le prix Nobel de la paix cette année pour leurs efforts dans la réalisation de la paix entre leurs deux Etats.

Même si le traité de paix avec Israël a permis à l'Egypte de récupérer le Sinaï et même si elle fournit l'aide des pays occidentaux, l'aide qui a aidé l'économie Égyptienne à se redresser et même prospérer, le traité de paix avec Israël a laissé l'Egypte délaissée par le reste du monde Arabe. Le confort de Sadate avec l'Occident et le traité de paix avec Israël ont également suscité beaucoup d'opposition au sein du pays, en particulier parmi les groupes des fondamentalistes Musulmans dans l'Egypte. Même s'il a amélioré la vie quotidienne de l'Égyptien commun, même s'il a fait de la charia la base de toutes les nouvelles lois Égyptiennes, et même s'il cherchait à rétablir le calme en promulguant des lois interdisant la protestation, le fondamentaliste Musulman ne serait pas satisfait.

C'est ce mécontentement qui a conduit à l'assassinat de Sadate le 6 Octobre 1981, lors d'un défilé militaire célébrant le succès de la traversée de Suez par l'armée Égyptienne lors de la guerre de 1973 contre Israël. Son vice-président, Hosni Moubarak lui succéderait.

Trois États-Unis. Les présidents Gerald Ford, Jimmy Carter et Richard Nixon assisteraient aux funérailles de Sadate. Le seul chef d'Etat Arabe  à rendre son dernier hommage au dirigeant Égyptien assassiné était Gaafar Nimeiry du Soudan, une décision qui lui coûterait cher car il serait renversé par les islamistes le 6 Avril 1985.

Même si la démarche audacieuse de Sadate pour faire la paix avec Israël lui a coûté la vie et conduit à l'expulsion de l'Egypte de la Ligue Arabe, elle a ouvert la voie à de futures négociations entre Israël et le reste du monde Arabe. La signature du traité de paix entre Israël et la Jordanie en 1994, faisant de la Jordanie le deuxième pays Arabe  à conclure la paix avec Israël, doit beaucoup à la paix pionnière que Sadate a menée l'Egypte à signer avec Israël. Aujourd'hui, Israël a développé des liens non-diplomatiques avec plusieurs autres pays Arabes et est reconnu par plusieurs pays Musulmans.

Sadate est honoré en Malaisie où il est un Grand Commandeur Honoraire de l'Ordre du Défenseur du Royaume.

# Chapitre Quatre

Aujourd'hui, près de quatre décennies après la mort d'Anouar Sadat, si vous demandez à des Égyptiens qui l'ont connu, qui ont expérimenté sa règle ou qui ont appris de sa vie et sa mort, ce qu'ils pensent de son héritage, vous obtiendrez probablement une gamme variée de réactions comme certaines des vues tenues sur un homme fascinant qui a dirigé un pays complexe pendant un moment compliqué dans l'histoire de la région la plus problématique du monde. Cependant, les émotions que vous verrez le plus sur leurs visages sont celles qui reflètent le respect, la gratitude et la douleur. La plupart des Égyptiens laïques embrassent son héritage, estimant qu'il était un dirigeant audacieux, un visionnaire, un réaliste, un pragmatiste, une personne humaine et un véritable patriote non encombré par l'idéalisme. Au contraire, la plupart de ceux qui pensent qu'il a laissé un héritage négatif, sont convaincus qu'il a trahi la cause Arabe en faisant une paix séparée avec Israël, qui promet seulement plus de violence à l'avenir, et que la prospérité qu'il a promet suivra la signature d'u traité de paix Israélo-Égyptien à Camp David aux Etats-Unis a été surclassé. En fait, il y a d'autres Égyptiens qui vont jusqu'à attaquer les fondements de son caractère, prétendant qu'il était souvent trompeur, vaniteux et indolent, et qu'il faisait même de temps en temps le bouffon, surtout à ses supérieurs.

Alors que la plupart des experts s'accordent à dire que le prédécesseur de Sadate, Gamal Abdul Nasser, a jeté les bases pour la création de l'Etat égyptien moderne, Sadate a complété la fondation de l'Egypte moderne et a façonné le développement interne et externe du pays —socio-économique et politique, d'une manière très fondamentale, en mettant l'Egypte sur une trajectoire que pratiquement aucun autre leader égyptien ou mouvement politique ne peut détourner le pays de ce chemin. Et il l'a fait ça à un moment où la plupart des régimes Arabes étaient tombés dans la «dégénérescence morale et politique, libérant ainsi l'Egypte de leurs politiques en faillite.

Les critiques de Sadat, en particulier les plus sévères comme les islamistes (La Société des Frères Musulmans en particulier) qu'il avait réprimé, le tiennent pour responsable de la difficulté de la démocratie en Egypte. Certains d'entre eux le considèrent même comme un administrateur incompétent qui s'est moqué de la loi en réprimant ses adversaires réels ou imaginaires, et qui a favorisé la corruption parmi son cercle intérieur et son cercle extérieur.

Quelle que soit la position prise par une critique de Sadate, une chose qui ne peut pas être contestée est le fait qu'il a hérité d'une Egypte de Gamal Abdul Nasser partiellement occupé par Israël, vaincu, en faillite, et fortement dépendant sur l'Union Soviétique; et il a laissé un pays plus dynamique et plus sûr.

Selon certains experts, Anouar Sadate était un visionnaire qui comprenait que la paix avec Israël était inévitable, que le reste du monde Arabe  et le reste du monde Musulman se viendraient à réaliser ça un jour et feraient la paix avec Israël, et que plus vite cela serait fait, le meilleur. Il ne parvint pas à convaincre ses homologues Arabes et Musulmans de se joindre à ses ouvertures de paix, et il a conclu, seul, un traité de paix avec Israël qui apportait des dividendes à l'Egypte, mais qui lui valut le ressentiment des mondes Arabe  et Musulman.

Aujourd'hui, Anouar Sadate est justifiée. Israël est plus sécurisé militairement, économiquement et socialement. Sa population a presque quadruplé et les peuple Juif sont plus implantés en Cisjordanie occupée et sur le Plateau du Golan qu'auparavant. Au contraire, les positions des mondes Arabe  et Musulman vis-à-vis l'établissement de la paix avec l'Israël ont évolué au point où l'opinion dominante est qu'ils se sont adoucis énormément. La destruction d'Israël n'est plus une position dominante, et les sujets auparavant tabous sont maintenant des sujets de négociation. Cependant, à l'évidence, les réalités sur le terrain en Israël et dans les territoires occupés des Plateau du Golan, de Gaza et de Cisjordanie changent chaque jour en faveur des Israéliens qui s'opposent à un accord impliquant le commerce des terres capturé pendant la guerre de Six Jours de 1967 pour la paix avec leurs voisins. Ce sont principalement des Israéliens de droite qui étaient une minorité dans les années 1970, mais dont le nombre augmentent chaque jour.

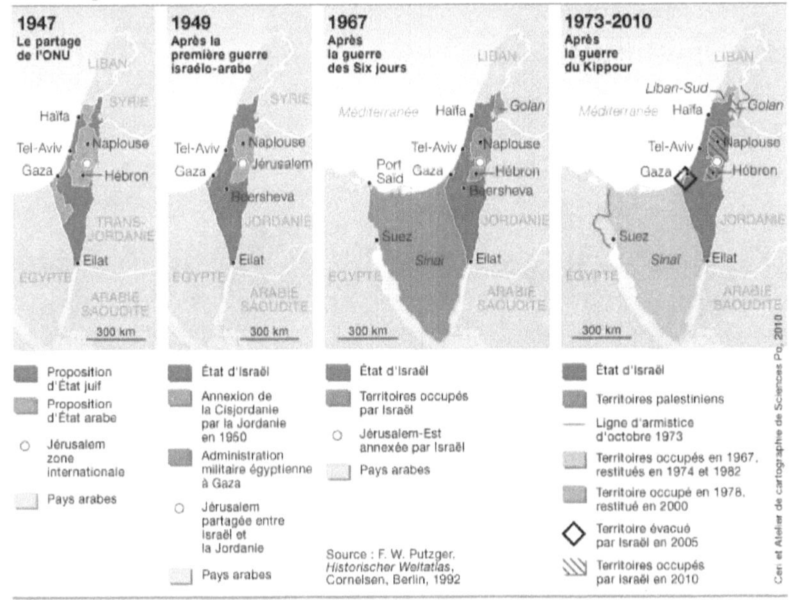


## Indice de Démocratie: l'Afrique et le Monde

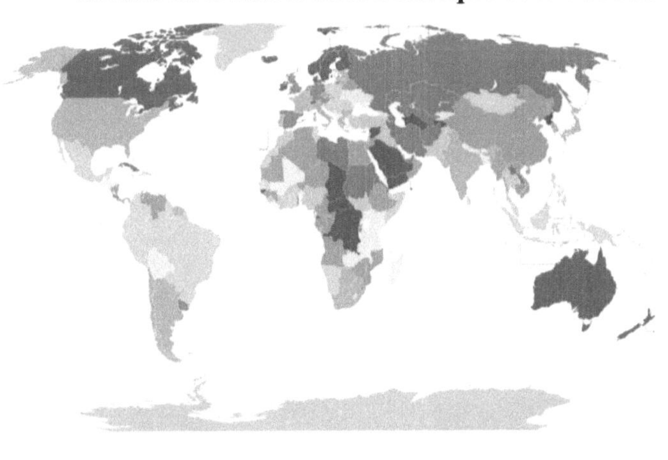

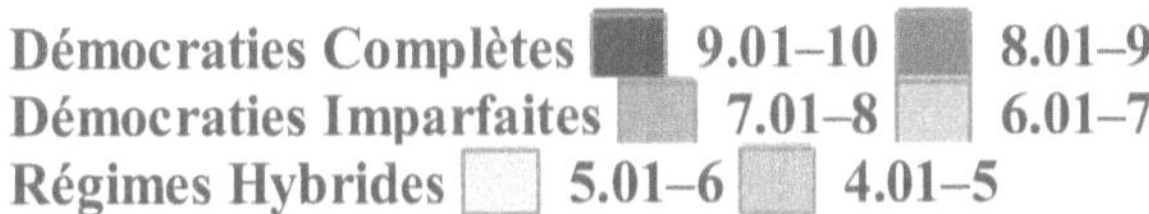

**Régimes Autoritaires** ▢ 3.01–4 ▮ 2.01–3 ▮ 0–2

## Les Pays D'Afrique

www.ingramcontent.com/pod-product-compliance
Lightning Source LLC
Chambersburg PA
CBHW031434250726
48656CB00002B/976